JN301499

関西手話カレッジ 編・著

［編者］
矢野一規
寺口史和
中上まりん
柴田佳子
磯部大吾

［監修］
野崎栄美子

ろう者のトリセツ 聴者のトリセツ

ろう者と聴者の言葉のズレ

星湖舎

※本文中、手話表現は [　　] で記しています。

はじめに

　ろう者の手話の意味がわからない、聴者の日本語の意味がわからない。
　ろう者の行動や感覚が理解できない、聴者の表情や気持ちが理解できない。

　この本は、そんな聴者とろう者のために書いたトリセツ（取り扱い説明書）です（＾＾）
　といってもパソコンや家電の説明書のようにわかりにくい文章ではなく、ろう者と聴者の間に起こるコミュニケーションのズレを例にあげて、解説をしていきます。

　ろう者と話していて、「その言い方、変やなあ」とか「その言い方きついなあ」「ちょっと言いすぎちゃうの？」と感じた経験はありませんか？
　あるいは、「なんでろう者は言うたこと守らへんの！」「ろう者はわがままやなあ」と感じたことはないですか？
　実はそんな時、ろう者も「聴者はうそつきや」「聴者は勝手や」と感じていて、お互い誤解が生じているのです！

　本の中身は、関西手話カレッジで行われているイベント「カレッジ寺子屋」で取り上げた内容と、ブログ「カレッジだより」で連載中の「寺子屋エッセイ」の内容を元に書き下ろしたものです。

　ろう者・聴者どちらにも読んでほしい内容です。またろう者・聴者が一緒に読み、ああでもない、こうでもないとお互いの言語やコミュニケーションを見直すきっかけになれば幸いです。

目次

はじめに 03

第1章　ろう語と聴語のズレ 07
ろう語と聴語 08

- どちらにしろ 10
- めんどう 11
- クビ 12
- 思う 13
- つもり 14
- 〜のほうがいい 15
- 責任をとる 16
- 参加と出席 17
- 趣味 20
- 友達 22
- 彼、彼女 24
- ギャンブル 25
- 手が早い 26

第2章　手話と聴語のズレ 29
手話と聴語 30

- まし 32
  - ※顔の文法 33
- まあまあ 34
- 悪くない 35
- 問題ない 37
- できるだけ 38
- ちょっと 39
- やっと 42
- まだ 44

くせ	46
※音韻	47
かまわない	48
新しい	49
～中	52
事故	55
死亡	57
～っぽい	58
むり、だめ、あかん	59
ない	61
知らない	62

第3章　ろう者と聴者の日時のズレ　63

3月中	64
11月まで	65
5月から	67
2時10分前	68
今度	69
今	71

第4章　まだまだある! ろう者と聴者のズレ　73

朝ごはん	74
お昼にする、お茶にする、お茶する	76
映画よく見ます？	78
魚の食べ方	80
すみません	81
できた	82
いや	83
殺し文句	85
目が高い、目が安い	86
頭が高い	88

おわりに	89

1

ろう語と聴語のズレ

1 ろう語と聴語

この本では、
聴者が使う言葉を**「聴語」**
ろう者が使う言葉を**「ろう語」**としています。
（ろう者が手話を表す際に口型として発する言葉も含めます）

それは、聴者の使う日本語がいつも正しいというわけではなく、ろう者の使う日本語が間違っているわけではない、という考えからです。

聴者も、非常においしい時に「このケーキ、やばい」と言ったり、全く問題がないことを「全然ＯＫ」と言うことにだんだんと違和感がなくなってきて、こういった使い方も間違いとは言えなくなってきています。
言葉は生きもので「正しい言葉の使い方」というのは、どのくらい多くの人が使っているかとか、また国からの指導や時代によって常に変化していきます。

関西手話カレッジのろうスタッフと聴スタッフの間で交わされるメール文は、ろう語中心です。例えば「電車中」というろう語に聴スタッフはもう全く違和感がなくなっています。
聴スタッフ同士でも普通に使うため、つい手話を知らない聴者にも使ってしまって「電車中って何？」と言われることもあるくらいです（ ＾ ＾ ;

それでも、ろうスタッフと聴スタッフのメールのやりとりや普段の会話で

はコミュニケーションのズレが頻繁に起こります。

　例えば、「買い物に行った次の日」という言葉を聴者は、「買い物に行った翌日」と解釈しますが、ろう者は「次に買い物に行った日」と解釈します。（翌日の場合は、「買い物に行った、あした」と言います）

　また、「出社時間」という言葉を聴者は「出勤してきた時間」と解釈しますが、ろう者は（会）社を出る時間、つまり「退社時間」と解釈することがあります。

　このように、ろう者と聴者は**同じ言葉を使っていても、それぞれ別の意味で解釈している**ことがあります。また**意味が同じでもニュアンスが違う**こともよくあります。ろう者と聴者で筆談やＦＡＸ・メールの内容が通じなかったり、なんかズレてる?と感じることがあるのはそのためです。

　「ろう語と聴語のズレ」からお互いの言語を学べば、これまで通じなかった理由もわかり、コミュニケーションの誤解も解けますよ。

1
ろう語と聴語

「どちらにしろ」

ろう者の気持ち: この前、年上のろう者に「どちらにしろ…」とメールを送ったら、ひどく怒られました。わけがわかりません。

聴者の気持ち: 年下のくせに「〜しろ」と命令してきたので、腹が立った。

解?説!

「どちらにしろ」という言葉は、「どちらの場合も同じ」という意味ですが、ろう者は「どちら**か**にしろ」と受け取ったため、ズレが起こったのです。

このような言葉は他にもたくさんあります。
「**うそつけ！**」も命令ではないのに、命令しているみたいですし、「**いいかげんにして**」も語尾を見るとお願いしているみたいです。飲食店（いんしょくてん）の広告でよく見かける「○○**を召し上がれ**」も、ろう者から見ると、まるで客に命令しているようです。

このように同じ言葉でも、聴者のとらえ方と、ろう者のとらえ方とはしばしば一致しないことがあります。
このような「**言葉のズレ**」を、ろう者・聴者お互いに学んでいくことが大切です。

「めんどう」

ろう者の気持ち: ろう者に頼みごとをすると、すぐ「めんどう」と言われショックを受けます。しかし後でちゃんとやってくれるのです。ろう者はあまのじゃく？

聴者の気持ち: しゃーないなあ。喜んでやってあげよう。けど、なんでそんなショックな顔するんやろ？

解説

[めんどう]はろう者の口癖みたいなもの。「面倒くさい」のではありません。何か頼まれてうれしい時も照れて[めんどう]と言います。

一方、聴者にとって「めんどう」という言葉は悪いイメージで、あまり人前では口にしません。そのため、ろう者から面と向かって言われるとドキッとしたり、ショックを受けたりします。慣れるのに時間がかかります。

このように「めんどう」という言葉は、手話と日本語とではニュアンスがかなり違います。つまりろう者と聴者は**同じ言葉を使っているようで、実は違う意味や概念で言葉を交わしている**ことが多々あるのです。

これが「言葉のズレ」です。

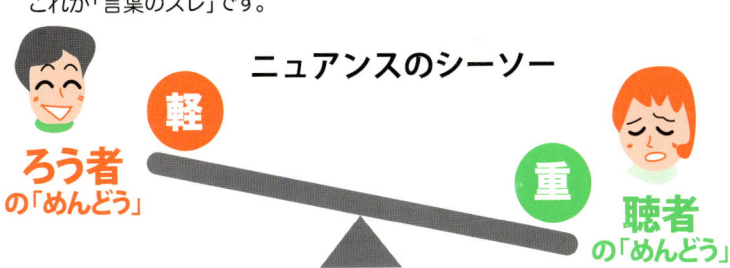

ニュアンスのシーソー

ろう者の「めんどう」 → 軽
聴者の「めんどう」 → 重

「クビ」

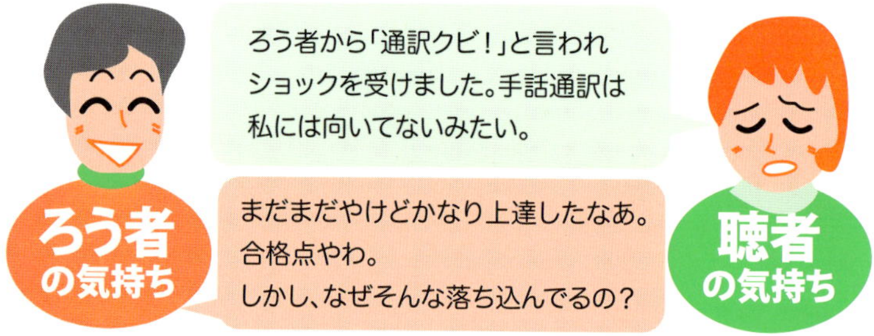

ろう者の気持ち: まだまだやけどかなり上達したなあ。合格点やわ。しかし、なぜそんな落ち込んでるの？

聴者の気持ち: ろう者から「通訳クビ！」と言われショックを受けました。手話通訳は私には向いてないみたい。

解説？！
聴者は「クビ」という言葉をめったに使いません。「失格・解雇」など重い意味の言葉だからです。そのため、[クビ！]という手話を見たり、ろう者から[クビ！]と言われたりすると、ドキっ！グサっ！ときます。

通訳クビ！　　ショック…

しかし、ろう者の使う[クビ]は、親しい間柄で使う日常語です。聴者が使うような重い意味はありません。([解雇]の手話は親指を切るような動作です)

つまりろう者から[クビ！]と言われたら、それは**距離が近くなった証拠**。ろう者から[サークル、クビ！]とか[通訳クビ！]と言われたら、それは「頑張れ」「しっかりとやれ」という**励ましの言葉**と受け取りましょう。ショックを受けて辞めたりしないように。

逆に[手話、上手]と言われているうちは、まだまだということ。[クビ！]と言われるほうが見込みありますよ。ただし、ろう者の「目」の中の言葉を読みとらなければなりませんけどね。

「思う」

ろう者の気持ち: 聴者は何を尋ねても「〜と思う」と言う。あいまいな言い方ばっかりしないで、はっきり答えてほしい！

聴者の気持ち: ろう者は「行く、思う」と言って、いつも来ない。言ったことはちゃんと守ってほしい！

解説

「思う」は聴者が頻繁に使う言葉です。話す内容にあまり自信や確信がない時に、文末に「思う」をつけるのは、ろう者も聴者も同じですが、聴者は100％近くその行動を行う自信がある時も、失敗した時に不利にならないよう、あるいは"**謙虚・控えめの文化**"から「思う」をつけます。

聴者の場合、とにかく文末に「思う」をつけておけば角が立たない便利な言葉ですが、ろう者から見れば、**あいまいなニュアンスになるため、内容がわかりにくくなります。**

つまり、ろう者と聴者とでは「思う」のニュアンスに大きな差があるのです。

ろう者と聴者の行く確率
（数字に多少の個人差はあります）

ろう者 **50%** ← 行くと思う → **90%** 聴者

とりわけ手話通訳者は、文の終わり方に迷ったり、文尾を聴き逃すとすぐ「思います」と表します。よくない傾向です。

「ただいまより開会式を始めたいと思います」と聞いて文字通り[始めたいと思います]と手話で表すと、本当に始まるのかろう者はわけがわからなくなる···と思います！

「つもり」

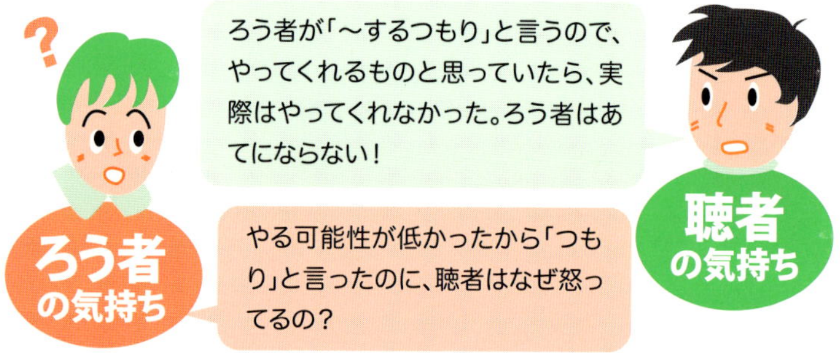

ろう者の気持ち
やる可能性が低かったから「つもり」と言ったのに、聴者はなぜ怒ってるの？

聴者の気持ち
ろう者が「〜するつもり」と言うので、やってくれるものと思っていたら、実際はやってくれなかった。ろう者はあてにならない！

解説

「つもり」は「思う」以上にろう者と聴者とでは受け取り方にズレがあります。

聴者が「〜するつもり」と言う場合は、かなり実現可能な時です。しかし、ろう者は実現の可能性がかなり低いニュアンスで使います。

つまり聴者は、「明日は行くつもり」のように、自分の中でほぼ決めている場合に「つもり」を使いますが、ろう者の場合はそれほど決めているわけではなく、1つの可能性という程度なのです。

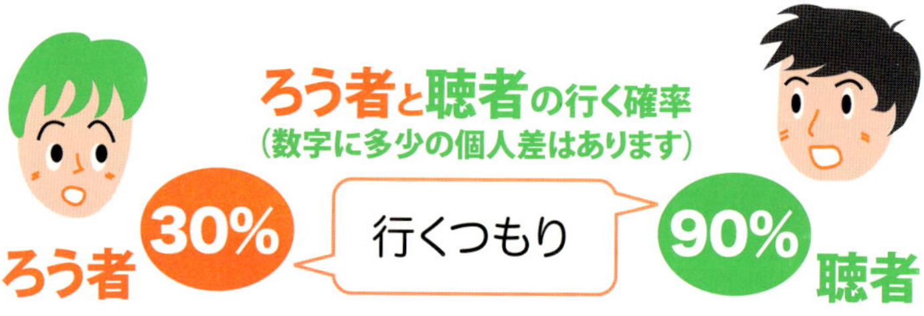

ろう者と聴者の行く確率
（数字に多少の個人差はあります）

ろう者 30% ｜ 行くつもり ｜ 90% 聴者

「～のほうがいい」

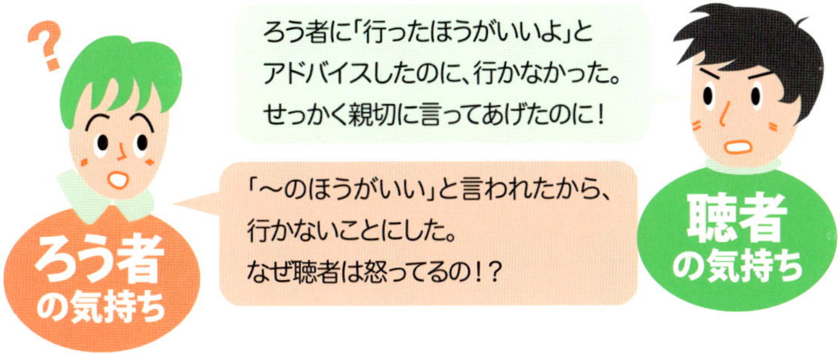

ろう者の気持ち
「～のほうがいい」と言われたから、行かないことにした。
なぜ聴者は怒ってるの!?

聴者の気持ち
ろう者に「行ったほうがいいよ」とアドバイスしたのに、行かなかった。せっかく親切に言ってあげたのに！

解説

聴者は断定した言い方を避ける・控える傾向があります。
そのため、人に注意を促したり、アドバイスをしたりする場合、「～したほうがいいよ」という言い方をよくします。

言われたほうもその通りにしない場合は相手を無視した形になりますので、受け止められない場合は、理由を説明します。

ところが、ろう者にとって「～したほうがいい」は、聴語のように強い勧めというニュアンスではなく、ひとつの選択肢なのです。つまり、それに従うかどうかは自由という受け止め方です。

聴者の側に「せっかく善意でアドバイスしてあげたのに…」という気持ちが生まれてしまう原因は、「～したほうがいい」という言葉のとらえ方がろう者と聴者とでは違うからです。

「責任をとる」

ろう者の気持ち: 先週「責任をとる」と言ったのに、なぜ辞表を出したんだ！？聴者はうそつきや！

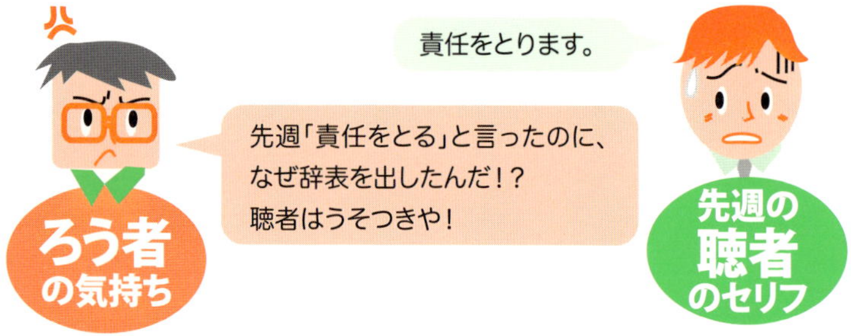

先週の聴者のセリフ: 責任をとります。

解説

　プロ野球の監督がチームの成績不振の「責任をとる」と言う場合、それは監督を「辞任する」という意味です。また、企業の不祥事が発覚し、社長が記者会見で「責任をとります」という場合も、それは社長を「辞任する」という意味です。

　このように聴語では、不始末の「責任をとる」＝「辞める」となることが多いです。

　「責任をとる」ことがなぜ辞めることになるのか、ろう者には理解できません。手話で言葉通りに「責任をとる」と表すと「責任をもつ」意味になるからです。

　聴者の中にも「辞めるのは責任をとったことにならない」と考える人も多くいますが、「引責辞任（いんせき）」という言葉もあるように、「辞める」というのは一番多い責任の取り方になっています。

　しかし、ズレない言葉もあります。つきあっている彼女が妊娠してしまった時の男のセリフ「責任をとる」は、聴者もろう者も「結婚する」という意味です。でも、もしかしたら「責任をとる」は「あそびをやめる（！？）」という意味かも…

「参加と出席」

ろう者の気持ち: 「行事に『参加』してください」と言っても、ろう者はいつも来ない！非協力的だ！

聴者の気持ち: 「参加」は自由なんだから、そんなに怒らなくてもいいでしょ。

解説？！

　これは『驚きの手話「パ」「ポ」翻訳』（※次ページ参照）の翻訳文の検討会議をする中で発見した「言葉のズレ」です。

　「翻訳教室にスタッフとして参加しました」という訳文を聴者メンバーが出した時に、ろう者メンバーから「スタッフとしてなら『参加』はおかしい。スタッフなら『出席』になる」という意見が出ました。

　ろう者の「参加」のイメージは「自由参加」。運動会のような楽しいことが「参加」で、まじめな学習などは「出席」のイメージがあります。
　聴者の場合は一応内容によって「参加」と「出席」を使い分けていますが、結構あいまいです。

　今まで「ろう者は行事にいつも来ない！無責任！」と思っていたあなた、「参加」という言葉を使って呼びかけているのが一因かもしれませんよ！

ろ う 者

参加ね

聴者

行事に参加、お願い。

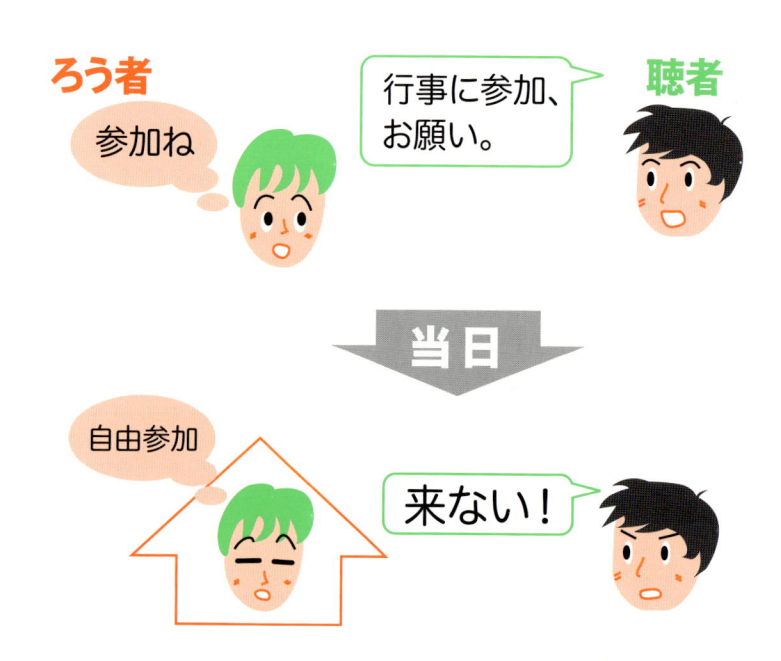

当日

自由参加

来ない！

ろう者と聴者の「参加/出席」の用法はちがう！

	ろ う 者	聴 者
参加	・責任が軽い　・自由参加	責任あるものから自由なものまで幅広く使う
出席	・責任あり　・積極的	所属メンバーとして出る（授業・会合まで）

※『驚きの手話「パ」「ポ」翻訳』
坂田加代子・矢野一規・米内山明宏　著
星湖舎２００８年刊　（初刷完売！増刷出来！）

　まずろう者が自分の言いたいことを手話で表現し、それを聴者のスタッフが日本語に翻訳しました。その翻訳文を手話で表して、ろう者本人に見てもらい、意味やニュアンスの違うところは、その場で日本語を修正、再度手話で表し確認してもらうという作業を何度も何度も繰り返し完成した本。
　そういった１回３〜７時間におよぶ翻訳検討会議を３８回も重ね、ろう者と聴者で喧々諤々（けんけんがくがく）とした中で作った翻訳文。ＤＶＤ（２枚：４時間超）と見比べながらご覧ください。

「趣味」

ろう者の気持ち: 私の趣味は、カメラ、登山、ドライブ、サッカー、買い物、うどん、手話サークルに行って聴者をいじめること…

聴者の気持ち: 趣味多彩やなあ…でもそれ趣味って言うの!?てのもあるけど…

解説

これは意外とズレが見過ごされている言葉です。
「趣味」という言葉の意味は、聴者もろう者も同じですが、使う範囲が微妙に違います。ろう者のほうが幅広く使います。

聴者の「趣味」は、得意なこと・人より秀でていること・今一番没頭していること・コレクションなどを言います。そのためあげるのは、たいてい1つか2つです。

ところが、ろう者はそれに加えて、好きでやっていること・楽しく時間が過ごせること・よく行う行動といったことまで[趣味]と言います。

ですから聴者に比べてろう者のほうが「趣味」の数は多くあげる傾向があります。

聴者は自分では「趣味」と思っていなくても、ろう者から見れば[趣味]と言われることがあります。

ろう者から[あなた、関西手話カレッジのイベント来る、趣味]と言われた聴者が「それは趣味と違う!」と笑いながら答える。単なる冗談の会話のようですが、実は「言葉のズレ」があるのです。

また手話と日本語とでは表現の違いもあります。
　手話では[うどん、趣味]という表し方ができますが、日本語では「うどんが趣味です」とは言いません。「讃岐うどんめぐりが趣味です」とか、「手打ちうどん作りにハマっています」という言い方になります。
　手話の[うどん、趣味]は、前者の「うどんの食べ歩きが趣味です」という意味ですが、[うどん、趣味]と言われた聴者のもつイメージは後者の「うどん作り」です。手話なら[うどん、作る、趣味]と表さなければなりません。

　[車、趣味]も、手話の意味は「ドライブが好き」という意味ですが、「車が趣味」の日本語の意味は、車雑誌などを見るのが好きな「カーマニア」、あるいは車を自分流に改造したりするイメージがあります。

　「趣味」、日本語と手話とで、その違いはなかなか奥が深いですよ。

「友達」

ろう者のセリフ: 今朝初めて会った友達と飲みにいって3時間も話が盛り上がったよ。ろう学校が同じだったんだ。

聴者の気持ち: 初めて会った友達?? いきなり3時間も!? ろう者は友達が多いなあ。というか、それって友達って言うの?

解説

知り合いのろう者が誰か知らない別のろう者とお喋りをしている。

あまりに親しそうなので、前からの友達かと思ったら、さっき知り合ったばかりだという。

ろう者は「友達」になるのが早い。聴者から見るとそう感じます。

どこのろう学校を出たかという話から始まり、必ずお互いが知っているろう者の話になり意気投合するというのはマイノリティである「ろう文化」の特徴とも言えるでしょう。

「友達」という概念は聴者よりは幅が広いように思います。

聴者の場合は、まずなかなか意気投合することがありません。かなり時間がかかります。

講習会で知り合った人と帰りのエレベーターや電車で鉢合わせると、お天気の話題や「手話を覚えるのは難しいですね」というような当たり障りのない話題でその場を済ませることが多いです。

何ヶ月かたち顔を合わせる回数が増えてくると、少しずつお互いのことを

話すようになり、たまたま出身県や出た学校が同じことがわかると、それはかなり珍しいことで、そこで初めて会話がはずむといった感じです。

　それでも「友達」とは言わず、聴者にとって「友達」というのはプライベートで飲みに行ったり遊びに行ったりするごく少数の人間です。

　ろう学校では幼稚部から高等部までずっと同じクラスなので、お互いに遠慮がなくなり、言いたいことを言うのが当たり前です。
　一方聴者は、毎年クラス替えや進学・就職で新しい人間関係に出会います。
　そういう環境の違いが「友達」という言葉のズレの背景になっていると言えるでしょう。

「彼、彼女」

聴者のセリフ: 紹介するね。こちらの女性はうちの会社のお得意様で、「彼女」にはいつもお世話になっています。こちらの「彼女」はうちの会社の事務員です。

ろう者の解釈: あなた、「彼女」いたんじゃないの？ 「彼女」がいっぱいいるの？

解説？！

　恋人のことを「彼」「彼女」と言うのは、聴者もろう者も同じです。

　しかし、聴者は恋人ではない場合も、単に男性・女性の代名詞として「彼」「彼女」を使います。

　会社の同僚を紹介する時、「彼女はパソコンが得意でねー」というように使います。

　ろう者から見ると「同僚が恋人！？ 社内恋愛？」と思ってしまいます。

　また、聴者は家で飼っているメス犬のことを「彼女」と言ったり、オス猫を「彼」と言ったりします。

　このように「彼、彼女」という言葉は、ろう者と聴者とでは、意味範囲が違います。

　人をろう者に紹介する時は「かれ」「かのじょ」という口型はつけないでくださいね。

「ギャンブル」

ろう者のセリフ: いまね、息子と娘がギャンブル中。がまん比べで勝ったほうがお菓子おごるみたい。

聴者の気持ち: 子供がギャンブル？ えらいのんきな母親やな。しかし、がまん比べのギャンブルって意味わからん。

解説

「ギャンブル」という言葉から何をイメージするでしょう？

聴者は、競輪・競馬・カジノといった賭け事やばくち、投機のイメージですが、ろう者のイメージは範囲が広く、もっと軽い遊びも［ギャンブル］に含みます。

例えば、子ども同士がお菓子を賭けて我慢比べをするのも［ギャンブル］と言います。

聴語に翻訳する時は、安易に「ギャンブル」と訳さずに、［ギャンブル］の中身が何をさしているのか見て考えないといけません。例えば、友達が遅刻している時に、遊びで「あと10分以内に来るか、来ないか、賭けよか」という場合も、ろう者は[ギャンブル]と言いますが、その手話を「ギャンブル」と訳すとちょっとオーバーですね。

「手が早い」

聴者の気持ち: Aさんは男前で「手が早い」から気をつけたほうがいいよ。

ろう者の気持ち: へえー、Aさん、そんなに手話がはやいの？

解説

聴語の慣用句「手が早い」には様々な意味があります。
上の会話では「女性とすぐに関係をもつ」という意味ですが、別の文脈では「すぐに暴力をふるう」とか「物事をてきぱきと運ぶ・仕事が速い」という意味でも使われます。

他にも「足が早い」は「腐りやすい」という意味の慣用句ですが、ろう者は「走るのが速い」と解釈しますし、「予算オーバー」という意味の慣用句「足が出る」も、ろう者から見ると「布団から足が出る？」「おたまじゃくしから足が出た？」というイメージで、話がズレてしまいます。このように慣用句は、ろう者と聴者の間でズレの起こりやすい言葉です。

関西手話カレッジでは、こういった慣用句の意味を日本手話で解説したDVD（※右ページ参照）を制作しています。手話サークルや手話講習会で、ろう者と聴者と一緒に学んでほしい内容です。

※慣用句の日本手話シリーズ①
～「目」のつく言葉～

発行元：関西手話カレッジ
主演：矢野一規、砂田アトムほか
内容：目が利く、目がくらむ、目が届くなど26語彙
25分、字幕あり、2500円（税込）

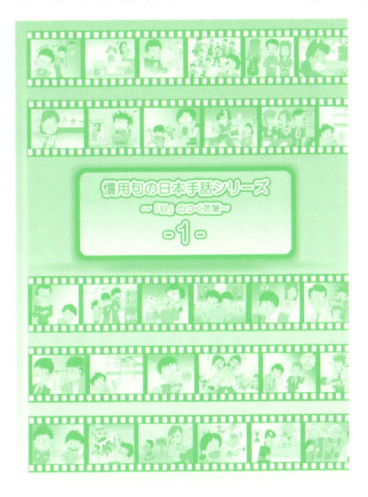

2 手話と聴語のズレ

2　手話と聴語

　聴者が手話を読みとれない原因のひとつは、手話単語を頭の中で日本語に訳しながら見ているからです。つまり手話を日本語の概念で読もうとするからです。

　「すみません」の英語は「sorry（ソーリー）」ですが、「すみません」と「ソーリー」は意味の範囲が違います。言葉の使い方の文化が違うとも言えます。
　同じように聴語の「すみません」と手話の[すみません]も意味の範囲や使い方が違うことは意外と知られていません。

　私たちは中学で「行く」は「go」、来るは「come」と様々な単語を習いましたが、「今からそっちへ行くよ」と英語で言う場合は、「行く」なのに「go」ではなく「come」を使うということを知ると驚きます。これは「go」や「come」の概念が日本語とは違うことを習っていないからです。
　同じように、手話講習会や手話サークルで、「この聴語」は「この手話」と様々な単語を習いますが、手話単語の意味範囲が日本語とは違うことを習っていないため、習った手話がろう者には通じないのです。

　同じ言葉でも異なる言語間では意味範囲の違いがあることが少なくないということです。

　外国人と会話のズレが生じても不思議ではありませんが、ろう者と聴者

の間にも「言葉のズレ」があることはあまり知られていません。
　しかし**聴語と手話は異なる言語**ですので、言葉の概念や意味範囲が違っていても不思議ではありません。

そういったろう者と聴者の言葉のズレについて集めてみました。
「ズレ」を学ぶことで、ろう者と聴者の「距離」が縮まればと思います。

「まし」

ろう者の気持ち: あなたの手話「まし」って、ほめてあげたのに、聴者はなぜ喜ばないの？

聴者の気持ち: がんばって手話を覚えているのに「まし」って言われた。ろう者は嫌みやなあ…

解説

手話教室で、生徒さんが表した手話表現に、ろう講師が[まし！]と言うと、思わず生徒さんは苦笑い。よくある授業風景ですが、こんな場面にも「言葉のズレ」があります。

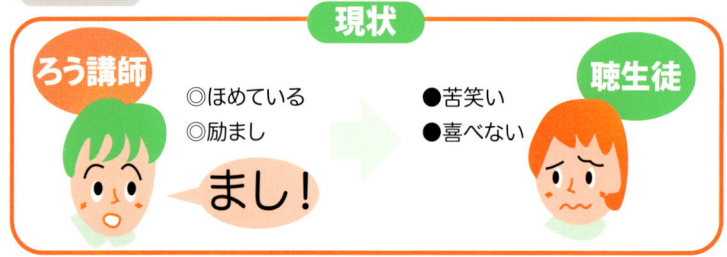

現状

ろう講師: ◎ほめている ◎励まし 「まし！」 → **聴生徒**: ●苦笑い ●喜べない

聴語の「まし」は、普通より少し低め、以前と比べて少しよくなったという慰(なぐさ)めの言葉ですが、手話の[まし]は慰めではなく、普通よりももっと上のかなり高い評価です。

その評価レベルは「顔の文法」（※右ページ参照）に現れています。決して慰めの表情ではないはずです。

ですから[まし]と言われた聴者は苦笑いするのではなく、素直に喜びましょう。(^O^)

> これからは
> ろう講師 「まし!」
> 聴生徒 うれし〜

※顔の文法

　手話は手だけで話しているのではなく、口型・眉の動き・目の見開き方・顎の動きや位置などに文法つまり意味があります。
　「手話講習会」などでは、「手話は表情が大切」ということがよく言われますが、厳密に言うと「表情」と「顔の文法」は違います。
　例えば、「口を尖らせる」口型は、聴者にとっては「不満・腹立ち」の感情を表す「表情」ですが、手話では「問題ない・普通」というような意味があります。
　「顔の文法」というと難しいので、便宜上わかりやすい「表情」という言葉を使っているのです。
　「表情を表すのが苦手」という手話学習者は多いのですが、そうではなく発想を変えて、「顔の動きも手話のきまり」と思って覚えていくことが大切です。

　聴者がろう者の手話を読みとれない一番の原因は、ろう者の手ばかりを見ているからです。
　関西手話カレッジの教室では、手話が読めない生徒さんに「口を見て！何て言ってる？」「顔を見て！どんな表情してる？」とよく問いかけます。

　ろう者同士の会話を見ていると、手はあまり動いていなくて、顔だけで喋っているような感じすらあります。
　「顔が主食、手はおかず（副食）」と言われるゆえんです。
　「顔を見ていると手が見られない」と聴者は言いますが、顔を見つつ手の動きを追えるような広い視界で見る練習が大切です。

「まあまあ」

ろう者の気持ち: あなたの手話「まあまあ」って、ほめてあげたのに、聴者はうかない顔。どうして?

聴者の気持ち: 私の手話は「まあまあ」か・・・そんな言い方しなくてもいいのに、厳しいなあ・・・

解説

「まあまあ」も聴者とろう者とでは評価レベルにズレがある言葉です。

聴語の「まあまあ」は普通よりもやや劣る感じ。悪くはないけど、あまりいい評価ではありません。

手話の[まあまあ]も顔の文法と手話のスピードによっては似たようなニュアンスで使われることもありますが、多くは「わりと良い」「なかなか良い」といったプラス評価です。

聴語ではどちらかと言うと、「まあまあ」のほうが「まし」より高い評価(まあまあ>まし)ですが、手話では[まし]のほうが[まあまあ]より高く(まあまあ<まし)聴語とは逆になっています。

手話教室でろう者から[まあまあ]と言われたら、悪い意味ではないので気を落とさないようにしてください。でも[まし]と言われるようにがんばりましょう。

「悪くない」

ろう者の気持ち
甘いものが好きって言うから、手作りケーキ作ってあげたら「悪くない」だって。そんな言い方しなくてもいいのに。ろう者は正直すぎ！

聴者の気持ち
「悪くない」って、ほめたのに、聴者はなぜ怒ってるの？

解説

　この言葉は聴者とろう者の評価レベルのズレの最たるものかもしれません。

　聴語の「悪くない」は合格ラインではあるが、良い評価とは言えません。しかし手話の[悪くない]は最高レベルの良い評価です。

　聴語には「悪くはない」という言葉もありますが、これも普通以下、最低ラインはクリアしているといった低い評価です。

　つまりろう者にとって「悪くない」は最高の褒め言葉ですが、聴者にとっては褒め言葉とはほど遠い感覚の言葉です。

手話通訳者なら、ろう者から [通訳、悪くない] と言われるようにがんばりたいですね。逆に [通訳、上手、上手] と言われている内は、まだまだなんだなと思ったほうがよいですよ。

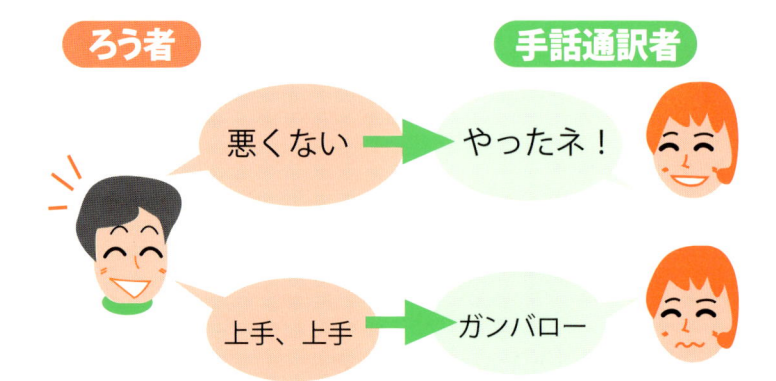

ろう者　　　　　　　　　　手話通訳者

悪くない → やったネ！

上手、上手 → ガンバロー

「問題ない」

ろう者のセリフ: あなたの手話、「問題ない」よ！

聴者の解釈: 「問題ない」？それって、ほめられてるのかどうかわからないよ。

解説

ろう語の[問題ない]は、問題がないのだから100％OKという意味です。

しかし、聴語の「問題ない」は悪いところがないというだけで、必ずしも良いわけではなく、評価は高くありません。

また「問題はない」という聴語もあります。これも悪いところはないが、「個人的に良いとは思わない」というようなニュアンスを含む言い方で、ろう語のニュアンスとはかなりかけ離れています。「問題はないけど…」のように後ろに「けど」がよくつきます。

その表情は手話の[問題ない]の顔の文法とは違う表情なので、「問題ないのに、なぜ不満そうな顔してる？」とろう者から言われそうです。

「できるだけ」

ろう者の気持ち:「できるだけやって」と言われたから必死でやったのに、ろう者は涼しい顔！もっと真剣にやってほしい！

聴者の気持ち:「できるだけやって」と言われたから、やったよ。聴者はしんどい顔してる。どうして？

解説

「できるだけやってください」と頼まれたら、聴者とろう者とではやり方が違います。

聴者は必死でやるのに、ろう者は悠々とやる！

なぜかというと、手話だと [できる、だけ] になるので、文字通り「できる、だけでよい」「できる範囲でかまわない」という意味になってしまうからです。

例えば、医者が「できるだけのことはやりました」と言った場合の「できるだけ」は「ベストを尽くした」「手を尽くした」という意味です。

つまり聴語の「できるだけ」は「力の限りを出し切る」「最大限の努力をする」という意味。

無理をしなくていい時は「やれる範囲でいいから」と言います。

しかし、「やれる範囲でいい」と言われても、それが会社の上司からだったりすると、「無理をしてでもやらなくちゃいけない」と聴者は受け止めるのです。

"**察しの文化**" ですね。

「ちょっと」

聴者のセリフ（警備員）: こんなところにチラシを貼られると、「ちょっと」困りますね。

ろう者の解釈: 「ちょっと」は困る？ わかりました。もっとたくさん貼りまーす！

解説

ある場所でろう者がチラシを壁に貼っていたら、警備員がやってきて「ちょっと困りますね」と言うので、「ちょっと」ではなく「たくさん」貼ったという話があります。

聴者は相手の言動を良く思わない時に「ちょっと…それは…」と遠慮ぎみに言葉を濁しながら、相手の自制を促す言い方をします。

このような「察しの文化」はろう者には通じません。手話ならはっきりと[ダメ]とか[認めない]という表現になるでしょう。

聴者のセリフ: 「ちょっと」わからないからできないですねー

ろう者の気持ち: 「ちょっと」わからないだけなのに、どうして聴者はできないと言うのか！

解説?　聴者は「ちょっとわかりません」という言い方をよくしますが、ろう者は「ちょっとわからない⇒少しわからない⇒大方はわかる」という解釈をするので、完全に話がズレてしまいます。聴者は「ちょっと」を無意識に（聴語の感覚で）手話[少し]と表してしまいがちです。

聴語「ちょっと」には他にも意味があります。
「ちょっと、あんた！何してんの！」の「ちょっと」は、否定的な呼びかけの意味。「ちょっとええ話があるで」は、かなりいい話があるという意味です。

ろう者の気持ち：「ちょっと遅れます」って聴者からメールがきた。もう10分も過ぎてるのにまだ来ない！

聴者の気持ち：「ちょっと遅れます」って、ちゃんとメールしたのに、到着したら怒られた。どうして！？

解説?　また、「少ない」という意味の「ちょっと」は、聴者もろう者も使いますが、「ちょっと」の程度が聴者とろう者とでは違うようです。

ある聴者がろう者に「ちょっと遅れます」とメールして、到着すると「遅い！　ちょっと、言うた！」と怒られたことがあります。
「ちょっと遅れます」の「ちょっと」は聴者の感覚では10～15分ですが、ろう者の感覚はもっと短いのです。
その聴者は、以後ろう者にメールする時は、具体的な時間を伝えるようにしています。

「ちょっと」の使い方には他にも注意が必要です。
　「ちょっと待って」は待つ時間が短く安心できるが、「ちょっと待ってください」は長く待たされるイメージでイライラするというろう者もいます。

　この言葉に限らず普段から聴者は、言葉を丁寧にやわらげて話そうとする傾向がありますが、かえってろう者には「距離が遠い感じ」「きつい言い方」「命令している」「イライラする」「あいまいでわからない」といった印象を与えてしまいます。

　こういったズレがお互いの不信感をつのらせていることに、聴者もろう者も気づいていません。

　「ちょっと」のズレは、「ちょっとやそっと」ではないですよ。

「やっと」

聴者のセリフ:「やっと」できたよ。

ろう者の気持ち:「やっと」できたのに、どうして喜んでいないの?

解説

「やっと来た」「やっとできた」など聴語「やっと」は、「長いこと待たされて大変やった」「できるまで難儀した」「えらい時間がかかった」というようなマイナスイメージがあります。そのため相手に面と向かってはあまり言いません。言う時は嫌味っぽくなります。

ろう者もそういう使い方をする時もありますが、手話[やっと]には「たすかる」という口型がつくこともあるように、困難な状況がとけて楽になった・安心したというニュアンスがあります。これはマイナスイメージではなくプラスイメージです。

ろう者:通訳、来た、やっと

誤解

聴者:「やっと」来た!? 嫌味やなー

「やっと」のズレ

ろう者	聴者
助かる ありがたい	ようやく どうにかこうにか

ろう者から至急来てくれとメールがあり、急いで駆けつけると [通訳、来た、やっと] とろう者から言われた。それに対して「急いで来たのに、やっと来たやなんて失礼！」と心の中で思うのは手話の読み間違いですよ。（※聴者は心の中で思っても口には出しませんが）

　今まで手話 [やっと] を見て、「嫌味なろう者やな」と思っていたあなた！これで「やっと」誤解が解けましたね。

「まだ」

ろう者の気持ち: 聴者は、ほとんどでき上がってても、「原稿書いた?」と尋ねたら「まだ」と言う。うそつきや!

聴者の気持ち: 昨日残りあと1ページで、今日原稿が完成した。そしたら、ろう者から「うそつき!」と言われた。どうして?

解説

「まだ」という言葉は、聴者がそれを手話で表す時、聴語の感覚で使っているため、ろう者との間でズレを起こしやすい言葉です。

例えば、ろう者が聴者に「原稿書いた?」と尋ね、まだ完成していない時、聴者は「まだ」と答えます。

聴者は全く手をつけていない場合も、途中までやっている場合も、完成していなければ「まだ」と言います。

しかし手話の[まだ]は、手をつけていないという意味です。
途中まで書いているなら[書き中]と答えなければいけません。

尋ねたろう者は、全く手をつけていないと解釈しているので、翌日に聴者が仕上げてくると、「昨日まだと言ったのに、本当はほとんど仕上がっていたのか。聴者はうそつきやな!」と誤解するのです。

また、聴者の「まだ」には「完成していないことが申し訳ない」あるいは「遅れていることが良くない」といった否定的なイメージがありますが、手話の[まだ]には「やっていない」という事実を表しているだけで、語彙そのも

のに否定的な意味はありません。

　話し手の気持ちやニュアンスは「顔の文法」で表現されます。

　ろう者が [結婚、まだ] と手話で表すと、大抵の聴者は「まだ結婚していない」（未婚）と解釈しますが、「顔の文法」によっては、単に結婚していない（非婚）という事実を言っているだけのこともあります。

　このように聴者の使う「まだ」とろう者の使う [まだ] には大きなズレがあるのに、意外とそのズレは、手話関係者の間でも「まだ」認識されていないのです。

「くせ」

ろう者のセリフ: 毎晩どこかの手話サークルに通うのが、あなたの[くせ]だね。

聴者の気持ち: 私はまじめに手話を勉強してるだけ。「くせ」じゃないわ！ 失礼ね！

解説

「くせ」も聴者が聴語の感覚で解釈しているため誤解の多い言葉です。

聴者の使う「くせ」は直すべきもの、あるいは直らなくて仕方のないもの、つまり良くないイメージです。

しかし、ろう者の使う手話[くせ]は悪いイメージとは限りません。また使用範囲も広いです。

その人が習慣にしていることや、パターン化している行動を[くせ]と言います。それは悪いイメージではなく、「特徴」というニュアンスです。

ですから、自分のある行動をろう者から[くせ]と言われてショックを受けたり、怒ったりするのは手話の読み間違いです。

話はそれますが、聴者は自分が習った手話と違う表し方をろう者がすると、それを「ろう者の手話の癖」という言い方をします。

手話の「音韻」（※次ページ参照）や文法が読み取れないことを棚にあげた、とても失礼な言い方です。

※音韻

　英語で「get up（起きる）」は日常会話では「ゲット、アップ」ではなく、「ゲラッ」と発音されます。「an apple（りんご）」も「アン、アップル」ではなく「アナプル」と聞こえます。
　このような発音の変化を言語学用語で「音韻変化」と言います。

　日本語にも音韻変化があります。「洗濯機」は辞書には「せんたくき」と載っていますが、話し言葉では「せんたっき」と言います。「水族館」も辞書では「すいぞくかん」ですが、話し言葉では「すいぞっかん」です。「学校」も昔は「がくこう」でした。「新しい」も「あらたしい」が音韻変化して「あたらしい」となりました。

　手話も同様に、前後の単語に影響されて、連続的に表される中で、**手の向きや形や位置、移動方向が変化したり、簡略化や省略化が行われます。**

　そのため、手話学習者は、覚えた単語と違う！という印象をもってしまいますが、話し言葉は効率化されていく性格がありますから、手話言語も例外ではないということです。

　講習会で習った手話単語の形にとらわれていると、ろう者の手話は読めません。
　手話の音韻変化をつかむことのできない聴者が「ろう者の手話には癖がある」と言って、手話が読めないのをろう者の手話のせいにしてしまうのはよくないですね。

「かまわない」

ろう者の気持ち:「家に来ませんか？」って、ろう者を誘ったら、[かまわない]だって。ろう者は失礼な答え方をするなぁ。

聴者の気持ち: 喜んで返事したのに、どうして聴者は変な顔をするの？ 誘ったのはそっちなのに…

解説

「今度家にみんなで集まるので、あなたもいらっしゃいませんか？」

聴者同士の会話なら、「え！ いいんですか？ お誘いいただいてうれしいです」というような返答になりますね。

一方、ろう者を誘うと、手話[かまわない]という返答が返ってくることがあります。これを聴者は「かまわないですよ」と単語読みしてしまうので、「失礼な人やな」という誤解をしてしまうのです。

この場合の手話[かまわない]を翻訳すると、「喜んで行かせていただきます」という意味になります。ここでも「顔の文法」に表れているはずです。

聴語の感覚で手話をとらえると大きな間違いをおかします。

手話を日本語に置き換えずに、手話を手話のまま理解していくのが上達の秘訣ですよ。

「新しい」

聴者のセリフ: 今度引っ越した「新しい」家は、ボロアパートなんだけど、遊びに来てね。

ろう者の解釈: 「新しい」のに、ボロ？？ アパートの名前が「ボロアパート」かな？

解説

聴語の「新しい」には、そのもの自体が新しいという意味と、「自分にとって初めて」というもうひとつの意味があります。しかし、手話の[新しい]は、大阪弁でいう「さらっぴん」とか「経験のない、または浅い」（人に使う場合）という意味ですから、ろう者からすると不可解な聴語文が多々あります。

例えば
1) 服が汚れたので新しい服に着替えましょう
2) 今日は新しいお薬を出しておきますね
3) ラーメン作るの失敗したので新しく作り直します！
4) あの人が田中さんの新しい彼女らしいよ

いずれも聴者にとっては、問題のない文ですが、手話で表す場合は注意が必要です。

1）の「新しい服」は、聴語では「洗濯してあるきれいな服」という意味ですが、手話では「買ってまだ一度も着ていない新品の服」という意味になるので、ろう者からは取り出してきた服を見て「新しい服ない、古い服ばかり」と言われるかもしれません。

2）の「新しい薬」は、聴語では「今までのとは違う別の薬」という意味ですが、手話では「開発された新薬」という意味になってしまいます。

3）の「新しく作り直す」は聴語では「もう一度作る」と意味ですが、ろう者は「新しいメニューのラーメン」と思うかも。

4）の「新しい彼女」はどうでしょう？　聴語では「前の彼女と別れて、最近つきあい始めた別の女性」という意味ですが、ろう語では「男性経験のない女性」という意味になるとのこと！

　他にもこんなおもしろい文章ができますよ。

5）今度引っ越した新しい家はボロアパートだ。
6）新しい職場は古い事務所です。

5）は、新しいのにボロ！？となりますし、6）は、新しいのに古い！？と、ろう者にとっては意味がつながりません。
　あるろう者は、5）はアパートの名前が「ボロ」なのかと思ったようです。なるほど！（＾＾；

　手話を学んでいると、こういった「新しい」発見がたくさんありますね！

ろう者　　　聴者

- ろう者: 買った服?
- 聴者: 汚れたので「新しい」服に着替えましょう
- （聴者の意図）洗濯した服

- ろう者: 新薬?
- 聴者: 「新しい」お薬を出しておきますね
- （聴者の意図）別の薬

- ろう者: 新メニュー?
- 聴者: ラーメンを「新しく」作り直します
- （聴者の意図）もう一度作る

- ろう者: 新しい…?
- 聴者: 「新しい」彼女ができた
- （聴者の意図）前の彼女ではない今の彼女

「〜中（ちゅう）」

ろう者のセリフ： Aさんはいま電車中（ちゅう） Bさんはトイレ中（ちゅう）

聴者の気持ち： 電車中？ トイレ中？

解説

「勉強中」「入院中」「考え中」など「〜中」は日本語にも手話にもある言葉です。

日本語の「入浴中」が手話では[お風呂中]になったり、「食事中」は[食べる中]、「読書中」は[読む中]になったり、手話では若干口型の変わるものもありますが、意味としては同じです。

ただ、[トイレ中][電車中][新幹線中][結婚幸せ中][苦しい中][通い中][雪中][桜つぼみ中]など、使用範囲は手話の方がはるかに広いです。

「いま雨が降っています」と手話で表す場合、つい聴者は[今、雨]とやってしまいますが、それでは「今雨が降り出した」という意味になってしまいます。
この場合、[雨中（あめちゅう）]と表すのです。

注意しなければならないのは、**聴語と手話とでは、「〜中」の使い方が違う**場合がたくさんあることです。

「故障中」は聴者にとってはごく普通に使用する言葉ですが、ろう者にとっては不可解な言葉です。
　ろう者にとっては「今まさに壊れていってる状態」が [故障中]。つまり「故障中」は手話に翻訳すると [故障] です。[中] は要りません。

　高速道路の料金所でよく見る「閉鎖中」も「いま閉鎖しようとしているのではなく、すでに閉鎖している」意味なので、ろう者から見るとおかしな言葉です。「婚約中」も手話では [中] は合いません。手話だと [婚約、終わり（口型パ）]（婚約した）となります。

　聴語「学校中(がっこうじゅう)」は学校全体という意味ですが、手話 [学校中(がっこうちゅう)] は、学校に通っている年代という意味です。

　他にも聴語にはない使い方がたくさんあります。
[おいしい中][ブラブラ中][スムーズ中][太る中][離婚中][迷惑中] …
　聴者のあなたは [混乱中] ？

ろう者と聴者の「中」のズレ

ろう者 / **聴者**

- 故障 / 故障中
- 閉鎖 / 閉鎖中
- 婚約、パ（終わり） / 婚約中

「事故」

聴者のセリフ: 大阪で大量の事故米が出てるらしいよ。

ろう者の解釈: もったいないなあ。洗えば食べられるかな。

解説

「事故米（じこまい）」という言葉が一時話題になりました。

それまではなかった言葉ですが、聴者にとっては違和感なく広まった感じがします。

なぜなら「事故」という言葉は、「医療事故」「不慮（ふりょ）の事故」「家庭内事故」など広い意味で使われるからです。

一方ろう者にとって[事故]とはズバリ[交通事故]のことであり、「事故米」とは「交通事故でトラックからこぼれたお米」というイメージをもったろう者が多くいたようです。

「家庭内事故」なんていう言葉を見ると、家屋に誤って突っ込んでしまった車をイメージするかもしれません。

「事故米」を手話で表す場合は、[交通事故]の手話を使わずに、「カビのはえた米」とか「食べられない米」とかいう表し方をしないといけませんね。

事故米

ろう者:「ろう語は じここめ」
聴者:「聴語は じこまい」

ろう語の「事故」の意味範囲は狭い
聴語の「事故」の意味範囲は広い

事故=交通事故
事故=交通事故、医療事故、保険事故…

ろう者のイメージ→交通事故でこぼれた米　　聴者の知識→カビのはえた米

「死亡」

ろう者のセリフ: 会長死亡！代わりを探さないと。

聴者の解釈: 会長とさっき会ったよ。亡くなってないけど‥？

解説

　「死亡」という言葉は、聴者にとっては「人が死ぬこと」にしか使いませんが、ろう者は別の意味で使用します。

　[ケイタイ、死亡]と言えば、携帯電話の故障あるいは圏外になるなど使えなくなった意味。

　[電車、死亡]と言えば、人身事故やトラブルで電車が動かなくなった意味。

　[通訳者、死亡]と言えば、通訳を見ていても全くわからないという意味。（使いものにならない！）

　聴者はついろう者の[死亡]という手を見て「死んだ？」と思ってしまいますが、実際に亡くなった時は「しぼう」という口型は使いませんし、目など顔の文法も違っています。手の形だけを見ていると手話が読みとれないということですね。

携帯が故障・圏外・バッテリー切れ

電車が動かない

引退

死んだ・・・

携帯死亡！　電車死亡！
○○さん死亡！　手話通訳者死亡！

「〜っぽい」

ろう者の気持ち: [黒っぽい]表紙の本を買ってきて、と頼んだのに、どうして「ねずみいろ」の本を買ってくるんだ!

聴者の気持ち: 「黒っぽい」色って言うから、買ってきたのに、なぜ怒られるのか、わからないよ。

解説

「黒っぽい」という言葉を聞くと、聴者は「ねずみ色」や「濃い藍色」など暗い色をイメージします。

しかしろう者のイメージする「黒っぽい」は「真っ黒」という意味です。どうして?と思いますよね。

ろう者の表す[黒っぽい]という手話は[黒]のあとに、両方の掌(てのひら)を自分に向かってせまってくるように同時に引き寄せます。その時の口型は「ぽい」です。

手話[黒っぽい]の意味は、「一面 真っ黒」という意味なのです。

また[色っぽい]という手話は「一面 鮮やかな色」という意味で、聴語の「色っぽい」は手話では[色気っぽい]となります。

手話通訳者というと[黒っぽい]服装が多いですが、[色っぽい]服装もしてほしいですね。

「むり、だめ、あかん」

ろう者のセリフ: 教材DVDの撮影？夜は「あかん」！

聴者の解釈: 夜は都合が悪いんだな。じゃあ昼間で都合のいい日は？

解説？！

上の会話、何がズレているか、わかりますか？
DVD撮影の日程を決めるため、ろう者とメールのやりとりをしていた聴者が「金曜夜はどう？」と提案すると、ろう者から「夜はあかん」と返事が返ってきました。

聴者はてっきり、何か理由があって夜は家を出られないのかと思ったのですが、実はそうではなかったのです。

「夜はむり」「夜はだめ」「夜はあかん」聴者にとってはどれも同じ解釈をします。
つまり「夜は都合が悪い」という解釈です。
しかし、ろう者の場合、それぞれ意味が違います。それは手話で表してみるとわかります。

「夜はむり」→[無理]ですから都合が悪いという意味。
「夜はだめ」→[ダメ]は禁止の意味。
「夜はあかん」→「あかん」は[悪い]。つまり夜は撮影には適さないという意味。

このように「むり、だめ、あかん」は意味が違うのに、聴者は3つの言葉を混同して使っているため、ろう者との間でズレが起こるのです。

　冒頭の会話のように、意外と気づかない内に事が済んでしまっている場合も多いかもしれませんよ。

「ない」

聴者のセリフ: 醤油がもう「ない」わ！買わないと。

ろう者の解釈: まだ少し残ってるのに、目が悪いのか？

解説

「ない」にも聴者とろう者とでは言葉のズレがある、というと驚くでしょう。

ろう語の[ない]は[無い]だからゼロという意味です。
しかし、聴語の「ない」は「ゼロ」という意味だけではないのです。

「時間がない」「お金がない」という意味は、全くないのではなく「足りない」「少ない」という意味です。本当に「ゼロ」の場合は「全くない」というように「全く」をつけます。

料理をする時、醤油が残りわずかの場合も、ほんの少しはあるのに「醤油がもうないわ」と言います。
たくさん印刷したチラシが残りわずかの場合も「もうない」と言います。

「あまりない」「少ししかない」「ほとんどない」…このように聴語の「ない」は「ゼロ」という意味ではないことが多いので、手話で表す場合に[ない]を使うと、ろう者と「ズレ」が生じるのです。

「知らない」

「サークル仲間のAさんが今日欠席してる理由？」
さあ？ [知らない] ねえ。

聴者のセリフ

仲間なのに、よく [知らない] なんて言えるなあ。
なんて冷たい性格なんだ！

ろう者の気持ち

解説

　手話を習い始めた頃は何も注意されない、むしろ褒めてもらえることが多いのに、レベルが上がってくると、聴者の手話の使い方に対するろう者の目は厳しくなります。

　そんな例のひとつが手話 [知らない] です。

　ある聴者が [知らない] という手話を使ったら、ろう者からえらく怒られた、ということがあります。

　[知らない] という手話は、日本語の「知らない」とはかなりニュアンスが違います。

　「そんなこと俺の知ったこっちゃない」

　「俺には関係のないこと」

　答え方によっては、こんなニュアンスになるのです。

　そのため [知らない] と答えると、「よくそんなことが言えるな」とろう者は思うのです。

　[知らない] と答える時の「顔の文法」や上体を引いてしまう動きにも気をつけなければなりませんが、「連絡がない」「話を聞いていない」など状況をきちんと説明したほうがいいですね。

3

ろう者と聴者の日時のズレ

「3月中」

ろう者の気持ち
「3月中に申込書提出」と書いてあったので、3月15日に提出した。しかし聴者はまだ誰も提出していない。怒らないと!

聴者の気持ち
もう提出したの! すごいな。3月中だから3月31日までに書いて出そう!

解説
　ろう者は「3月中」という文字を見て、「3月中頃」「3月中旬」と解釈したのです。しかし聴語では「3月中」といえば「3月31日まで」の意味になります。

　「3月中」を「3月31日まで」と解釈するろう者ももちろんいます。聴者の中にも31日ぎりぎりに提出しないで、15日頃提出する性格の人もいますので、その場合ズレは生じずに見過ごされてしまいますね。

　ろう者は文字から受けるイメージで言葉を解釈することも多いので、メールやFAXでは、ろう者と聴者の間で解釈のズレがよく起こります。
　これを「ろう者は日本語の使い方を知らない」とか「ろう者の日本語はおかしい」というような教育・福祉的な視点でとらえるのではなく、「ろう語と聴語」という文化・言語的視点でとらえることが大事です。
　聴者はろう語を、ろう者は聴語をお互い学んでいってほしいと思います。

「11月まで」

ろう者の解釈
柴田さんは11月までお休みです。
11月30日までお休みか。

聴者Aの解釈
11月30日までお休みか。

聴者Bの解釈
10月31日までお休みか。

解説？！

「11月まで」はいつまでになるのか？ ろう者は「11月30日まで」と解釈しますが、聴者の場合、不思議なことに意見が分かれます。「11月30日まで」と解釈する人と、「10月31日まで」と解釈する人がいるのです。

手話で[11月まで休み]と表すと、[11月、まで(終わり)、休み]となるので、明らかに11月末日までの意味になりますが、聴語の場合、文脈で「11月いっぱい休み」の意味になったり、「11月1日から出勤してくる」という意味になったりします。

では聴者同士は本当に文脈で意味を判断していて、日々コミュニケーションにズレがないのでしょうか？ そんなことはありません。ズレていてもあいまいに済ませたり、ズレに気づいて自分の解釈を修正し、相手に適当に合わせたりしているのです。あえてズレていたことを相手に言ったりしません。

このように「月曜までに返事をください」「夏までにオープンします」など、聴者とのコミュニケーションには注意が必要です。試しに周りの聴者に尋ねてみてください。

「5月から」

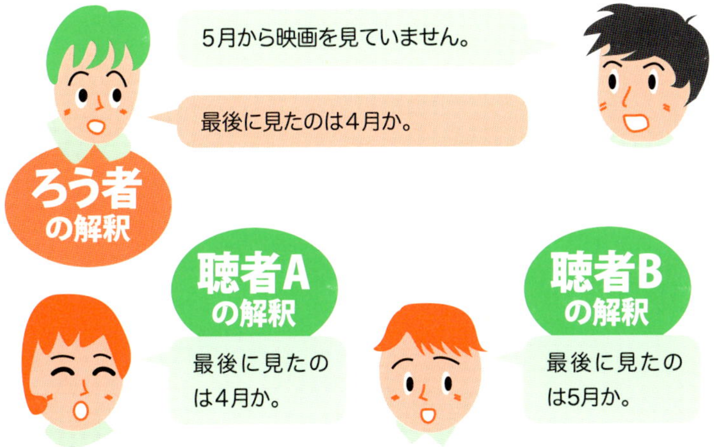

ろう者の解釈
5月から映画を見ていません。
最後に見たのは4月か。

聴者Aの解釈
最後に見たのは4月か。

聴者Bの解釈
最後に見たのは5月か。

解説?!

「11月まで」の解釈と同じく、これも聴者の解釈は分かれますが、ろう者同士の解釈はズレない例です。

「5月から映画を見ていない」という場合、

聴者は
①4月の後半に映画を見て、それ以降見ていない
②5月の前半に映画を見て、それ以降見ていない
という2つの解釈があります。

しかし、ろう者の場合は手話で考えますから、[5月、から、見ていない]
つまり最後に映画を見たのは4月で、5月1日以降は見ていない、という共通の解釈になります。

ろう者と聴者のコミュニケーション(聴者同士のコミュニケーションすらも!)、つきつめていくとおもしろい発見がいっぱいありますよ。

「2時10分前」

ろう者の気持ち: 2時10分前集合と言ったのに、2時になってもろう者は来ない！ろう者は時間にルーズや！

聴者の気持ち: 2時10分前と言われたから、ちゃんと2時7分に行った。なぜ怒られるのかわからん！ルーズではない！

解説

手話サークルの行事でこんな場面はないでしょうか？「2時10分前に集合してください」と言われたら、あなたは何時に行きますか？　聴者の場合、性格にもよるでしょうが、だいたい1時45分くらいをめどにするでしょう。聴者の言いたい「2時10分前」は、2時の10分前、つまり「1時50分」のことです。

ところが、聴者が手話で「2時10分前」と表すと、「2時の10分前」ではなく、「2時10分の少し前」という手話表現になっていることがよくあります。

そのため、ろう者は「2時10分の少し前、つまり2時5分～9分に行けばいいんだな」という解釈をするのです。FAXやメールならなおさらかもしれません。

聴者は「2時10分前」と言わずに、「1時50分」とはっきり表した方がいいですね。

「今度」

ろう者の気持ち：「今度」の地震はすごかったねー
聴者のセリフ：「今度」の地震？

ろう者の気持ち：「今度」引越した家は広いよー
聴者のセリフ：「今度」引越した？

解説

聴語「今度」は、手話に訳す時に気をつけなければいけない言葉です。

「今度」は未来のことだけではありません。

「今度の地震はすごかった」の「今度」は過去のこと。手話で [今度（将来）、地震] と表すと、まるでタイムマシンで未来を覗いてきたかのような意味になってしまいます。ですからこの場合は [ついこの前、地震] と表さないといけません。

「今度引っ越した家は広い」も、もう引っ越しが終わっている意味ですが、手話で [今度（将来）] と表すと、これから引っ越す予定の意味になってしまいます。

また「今度の計画は順調だ」の「今度」は「現在」の意味です。手話では [計画、進む、スムーズ、中] となりますね。

　1）今度の大会は散々だった。
　2）今度の大会は不手際が多い。
　3）今度の大会は名古屋で開催です。

　これら3つのように、手話通訳で「今度の大会は」と聞こえても、反射的にすぐ [今度（将来）] と表さずに、終わったばかりの大会のことか、今やっている大会のことか、次回の大会のことか、しっかりと聞きだめをして意味をつかんで表さないといけません。
　「今度」から気をつけましょう。

「今」

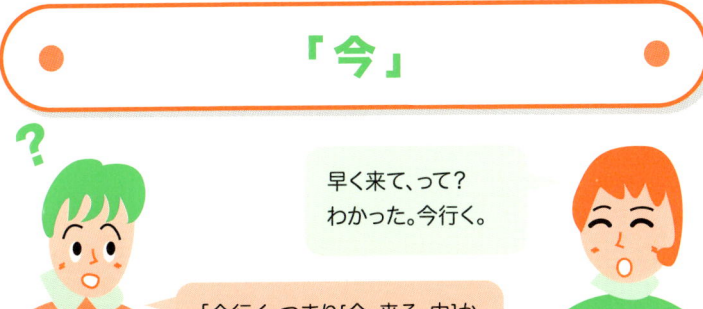

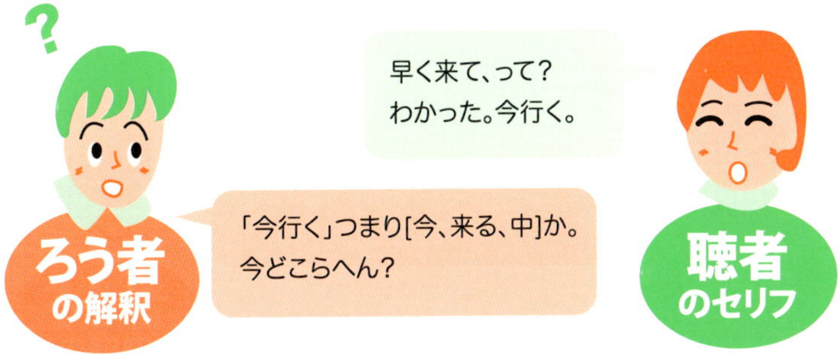

聴者のセリフ: 早く来て、って？わかった。今行く。

ろう者の解釈: 「今行く」つまり[今、来る、中]か。今どこらへん？

解説

　「今」という言葉も、聴語から手話に訳す時、気をつけなければいけない言葉です。
　なぜなら聴語の「今」は「今」という意味だけではないからです。
　聴語「今」には「近過去」と「近未来」の意味があります。

　「今何してたん？」「今テレビ見てた」の「今」は「今しがた、ほんのさっき」という過去の意味です。
　「今行く」の「今」は「数十秒？（数分？）後」という未来の意味です。

　聴者が「今行く」「今帰る」と言う場合は、まだ出発せずにその場に居る意味ですが、ろう者にとっては、もうこちらに向かっているはずなのに遅い！となりますから、メールやＦＡＸでは気をつけなければいけません。

　聴語の「今」は、現在というピンポイントの時間を表す言葉ではなく、幅の広い時間を表す言葉だということです。

4

まだまだある！ろう者と聴者のズレ

「朝ごはん」

聴者の質問: 朝ごはん食べた？

ろう者の返事: 食べてない。パンとコーヒーとバナナとヨーグルト食べてきたよ。

それって、立派な「朝ごはん」やんか‥

解説

　医者がろう者に「明日は検査ですので、朝ごはんは食べないで来てください」と言うと、翌朝ろう者は朝食にパンを食べてきた！という有名な話があります。ろう語で「ごはん」と言えば「白いご飯」のイメージです。

　しかし聴語では、ご飯であろうが、パンであろうが、朝に口にするものを「朝ごはん」と言います。「昼ごはん」も、昼にとる食事のことですが、ろう者に「昼ごはん食べる?」と尋ねると、「いいえ、昼ラーメン」とか「昼うどん」という答えが返ってくることもあります。

　問題は、[食べる] という手話を表す時に、「ごはん」という口型をつけることにあります。

聴語には「昼食(ちゅうしょく)」という言い方もありますが、[昼、食べる]の手話に「ちゅーしょく」という口型は合いません。

「食事」という意味が言いたければ、「ごはん」という口型をつけずに[食べる]という手話だけを表せばいいのです。

また、こんな表現もあります。

「朝食はパン、昼食はカレー、夕食はハンバーグ」と言いたければ、[朝ごはん]と同じような言い方で、[朝パン、昼カレー、夜ハンバーグ]と簡単に表すことができます。

ちなみに大阪では[夜お好み焼き][夜たこ焼き]（お好み焼きやたこ焼きが夕飯のおかず）はあたりまえです。

ろう者と聴者の解釈の違い

白飯　白飯　パン　バナナ

朝ごはん

ろう者
ごはん＝白飯

聴者
ごはん＝食事

「お昼にする、お茶にする、お茶する」

聴者のセリフ: そろそろ、お昼にしましょう。

ろう者の気持ち: お昼に何をするの?

解説

聴者にとっては普段何気なしに使っている言葉ですが、これを言葉通りに手話で表してしまうと、ろう者には通じません。

「お昼にする」は「昼食を食べましょう」という意味ですから、手話では [昼、食べる?] とか [昼、食べる、行こう] と表さなければいけません。

ろう者にとっては、[お昼、しよう] と表されても、お昼に何かスポーツでもやるのか?とイメージしてしまいます。

ろう者にとって理解しにくいのは、「お昼にする」=食事なのに、「朝にする」・「夜にする」=食事とはならないこと。日本語は不思議ですね。

聴者のセリフ: お茶にしましょう!

ろう者の気持ち: 日本茶? コーヒーが飲みたいなぁ・・・

解?説! 聴語「お茶にしましょう」は「休憩しましょう」という意味。「お茶にしましょう」は今居るその同じ場所あるいは同じ建物内で休憩する意味ですが、「に」がない「お茶しましょう」だと、喫茶店など別の場所に移動して、話をしたり休憩したりするという意味になります。ですから手話だと、[喫茶店、行く？] と表さなければなりません。

注意が必要なのは「～しませんか？」という尋ね方です。「お茶しませんか？」という言い方は、ろう者にとっては「お茶しないですか？」という否定内容を尋ねられたと受け取ります。

聴者にとってはストレートに「～しますか？」と尋ねられるよりも「～しませんか？」と尋ねられるほうが、きつい感じがやわらぎ受け入れやすいのですが、こういったまわりくどい聞き方は、ろう者には馴染まないのです。

「映画よく見ます？」

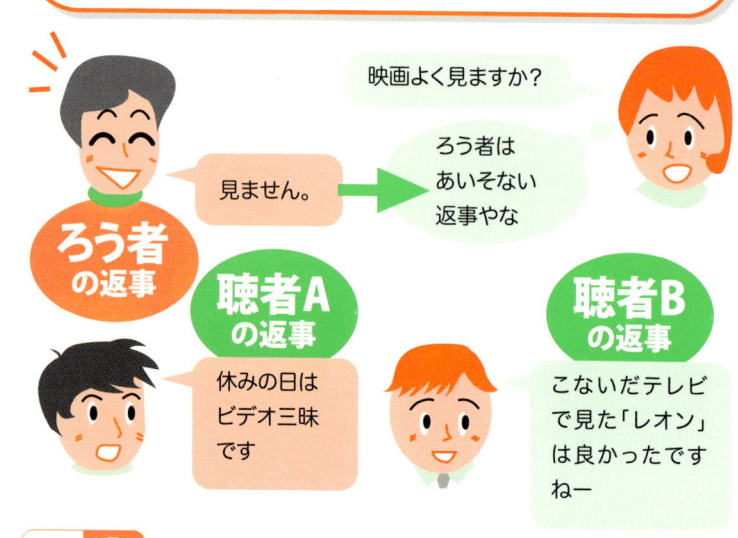

ろう者の返事：見ません。

映画よく見ますか？

ろう者はあいそない返事やな

聴者Aの返事：休みの日はビデオ三昧です

聴者Bの返事：こないだテレビで見た「レオン」は良かったですねー

解説？！

　初対面の人から「映画よく見ます？」という質問を受けた時、聴者とろう者でその答え方は大きく違います。

　ろう者は「映画を頻繁に見に行くか？」という解釈をしますから、[よく行く] とか [行かない]、[見ません] という答え方をします。

　その答え方は間違いではありませんから、聴者との間でズレが生じていることは気づかれないままかもしれません。

　しかし聴者の答え方を知ると、多分ろう者は理解できないと思います。

　ある聴者は、「週末はビデオ三昧(ざんまい)です」という答え方をするかもしれません。

この答え方はろう者にはほとんどありません。なぜなら [映画を見る] という手話は、「映画館に足を運んで見る」という意味です。

　またある聴者は、「こないだテレビで見た○○は良かったですよ」と答えるかもしれません。
　映画をよく見るかどうかを聞かれているのに、それには答えずに、先日見たテレビの話を持ち出してくるのは、ろう者には理解しがたいものがあります。

　聴者は「映画よく見ます？」という質問に、「あぁこの人は映画が趣味なんだな」とか「映画の話がしたいんだな」とか、あるいは「空気を和ませるために、気を使って喋ってくれてるんだな」と感じとります。
　そのため、例え映画に興味がなくても、なんとか相手の気づかいに応えようと、相手に話を合わせ、映画に絡む話題を持ち出して答えるのです。テレビやビデオを見ていない場合でも、「見る時間がなくて」とかあいまいな答え方をします。

　ですから、ろう者に「行かない」とか「見ない」とか短く答えられると、聴者は「話をする気がないのか」、「愛想のない人だな」と思ってしまいます。

　逆に、ろう者から見ると、聴者の答え方は不可解で、「そんなこと聞いてない！」と言われます。
　また聴者の長い説明は、何が言いたいかわからず、ろう者をイライラさせてしまうのです。テレビの映画や、ビデオ（DVD）の映画を見ることは、ろう者にとっては [テレビを見る][ビデオ（DVD）を見る] ことであって、映画を見ることではないからです。

　ろう者と聴者、その質問と答え方には、かなり重大なズレがひそんでいるのです。

「魚の食べ方」

ろう者の気持ち:「魚の食べ方」で一番好きなのは、塩焼き。刺身や煮魚も好きだけど、フライにするのはあまり好きじゃないな。

聴者のセリフ: それって「魚の料理法」でしょ。「魚の食べ方」は頭ごと食べるのが好きだな。

解説　聴者とろう者とでは、魚の食べ方が違う…のではありません。それは同じです。何が違うかというと、「魚の食べ方」という言葉からイメージするものが違うのです。

聴者は「魚の食べ方」というと、「焼魚」「煮魚」「刺身」「フライ」などをイメージしますが、ろう者は「箸を使う」「フォークとナイフ」「骨をとってから」「頭から」「骨ごと」というイメージです。

つまり、ろう者から言わせれば、焼魚や煮魚・フライというのは「魚の食べ方」ではなく「魚の料理法」です。

手話で表せばまさしく「食べ方」です。なぜ「魚の食べ方」が料理法になるのか、ろう者にとっては不可解なのです。

「すみません」

聴者のセリフ:
- すみません、お水ください。
- すみません、お勘定。

ろう者の解釈:
聴者は謝ってばかり。悪いことばかりしてるのか?

解説

「すみません」は聴者がよく聴語の感覚で手話を表してしまう言葉です。

聴語の「すみません」には、「謝罪」の意味の他に「依頼・お願い」や「呼びかけ」「言葉のクッション作用」などの意味があり、何かにつけ聴者は「すみません」を口にします。

しかし、手話の[すみません]には「謝罪」の意味しかありませんので、ろう者から見ると、聴者は謝ってばかりいるように見えます。カレッジのろう者に「すみません」と声を掛けると、「何か悪いことしたのか」と言われます。

手話を表す時は"手話脳"に切り換えないといけませんね。

「できた」

聴者のセリフ: お隣の若奥さん「できた」みたいよ。

ろう者の気持ち: 何が「できた」の？

解説

「できる」という聴語には、手話・ろう語にはない使い方があります。

「お隣りの若奥さん、できたみたいよ」の「できた」は妊娠したという意味。

「山田さんと田中さんは、できてるらしい」の「できてる」は恋仲の意味。

「山本さんはよくできた人だ」の「できた」は行動や発言・気の使い方が立派という意味。

これらを [できる（可能）] という手話で表すと、ろう者には通じないので注意が必要です。

[できる] という手話は、度が過ぎたことを言う人に対して「そこまで言う！」とか、とんでもないことをやらかす人に対して「そんなことがやれる！」という意味にもなります。そんな時は「顔の文法」に驚きや非難の気持ちが出ていますよ。

「いや」

聴者のセリフ: いや！知らんかったわ。いやー困ったなー

ろう者の解釈: 「いや」言うてるのに、全然嫌そうじゃない。

解説

「いや」は「嫌い」「拒否」の意味ですが、聴語には他にも用法があります。

「いや！あんた何それ！」
の「いや」は、驚きや予想外のことに遭遇した時に口から漏れる言葉。

「いやいや参りましたなー」
の「いや」は驚きあきれた時、どうにも仕方がないと思った時などにでてくる言葉。

前述の「できた」もそうですが、聴者が普段よく口にしているこのような話し言葉は、文字として現れることは少ないため、ろう者には馴染みのない言葉です。

つまり、ろう者が文章として目にする「書き言葉」と、聴者同士が普段交わす「話し言葉」にはかなり違いがあります。
ということは、「書き言葉」をテキストにして、手話を学んだり、通訳の練習をするのは本当は合わないのです。
なぜなら手話は「話し言葉」だからです。

大阪人が標準語を聞いて通訳すると、表情がなくぎこちない手話表現になってしまいます。ところが大阪弁を聞いて通訳すると、表情が豊かになり、手話表現もスムーズになるのは「話し言葉」を通訳しているからです。

　カレッジ制作のDVD教材『手話の秘訣』（※）は、そのことを証明しています。ぜひご覧になってください。

※DVD『手話の秘訣』
出演：西本知永子
解説：米内山明宏、矢野一規、野崎栄美子
監修：野崎栄美子
制作：関西手話カレッジ
30分、解説書付き、1500円（税込）

※DVD『手話の秘訣 2』
出演：西本知永子
解説：坂田加代子、矢野一規、野崎栄美子
監修：野崎栄美子
制作：関西手話カレッジ
33分、解説書付き、1500円（税込）

好評を得た『手話の秘訣』の第2弾。
次の文章、あなたなら手話でどう表しますか？
①今日は雨になると思います。
②私はこれが正しいと思います。
③あなたにお会いできてうれしく思います。

　聴者はどれも[思います]という手話で表してしまいますが、それでは意味がズレて伝わってしまいます。（この本の「思う」のところを見てください！）では、どう表せばよいか？

　ぜひこのDVDをご覧になってください。

目次　1. ともかく　2. まだ　3. ふう　4. ように　5. むり
　　　6. なにか　7. つもり　8. おまけ　9. 覚えがない　10 思う

「殺し文句」

ろう者の解釈:「君に毎朝コーヒーを入れてあげるよ」が僕の殺し文句さ。

聴者のセリフ: 殺す時にそんなセリフを言うの！？

解説

手話を学んでいると、聴語にはおもしろい言い回しがあるなあと改めて気づかされます。

「殺し文句」もそのひとつ。この言葉の意味は、「殺し文句」という字づらからイメージするものとは全くかけ離れています。
「女性を惚れさせる決め手となる言葉」という意味ですが、ろう者にすれば、「殺す時の文句と違うのか！」と思いますよね。
「殺す」という言葉には異性を悩殺するという意味があるのです。

他にも不思議な聴語はたくさんあります。
「臆病」も、ろう者から見ると、どんな病気や？ という話になります。
「怖がりの性格」という意味なのに、なぜ「病」がついているのか不思議です。

こんなふうに聴者は、普段使っていても説明できない聴語がたくさんあります。
自分は語源をわからずに日本語を話しているんだと気づけば、ろう者に手話の語源を尋ねるなんてことはナンセンスだということがよくわかりますよね。

「目が高い、目が安い」

ろう者のセリフ: 私、気づかなかった。あなた「目が高い」ね。

聴者の解釈: 「目が高い」？日本語の使い方間違ってる！

ろう者のセリフ: あなた、見てなかったの！「目安い」ね！

聴者の解釈: 「目が安い」？そんな日本語ないよ。

解説

聴語の「目が高い」の意味は「目が利く」「鑑識眼がある」という意味だけですが、手話の [目が高い] は他にも様々な意味があります。

探しものをしていてなかなか見つけられない時、それを見つけてくれた友人に→[目が高い]

自分が見落としていた間違いに気づいた友人に→[目が高い]

部屋の隅で友人の噂話を手話で話していた時に、突然こちらを振り向いて [何？] と聞く友人に→[目が高い]

初めて会ったイタリア人ろう者と３０分後には手話で話せるようになった友人に→[目が高い]

などなど…他にも様々な場面で、[目が高い] という手話は頻繁に使われます。

その逆が、[目が安い] という手話。聴語にはない言葉です。そのため、手話を学び始めた人は、「間違った日本語を使っている」と誤解する方も多いです。

　手話は聴語とは違う別の言語ですから、聴語にはない言葉が手話にはたくさんありますし、逆に手話にはない言葉が聴語にもたくさんあります。

　先般、道路交通法の改正で、一部のろうドライバーにワイドミラーが義務づけられましたが、ろう者は [目が高い] ので、むしろワイドミラーが必要なのは [目が安い] 聴者なのではないか、という意見もあります。

「頭が高い」

ろう者のセリフ: 水戸黄門は「頭が高い」んでしょ。テレビの字幕で見たよ。

聴者の解釈: 水戸黄門は「頭が高い」??

解説

　　［目が高い］のような言葉は手話には他にもたくさんあります。

　　［鼻が高い］は嗅覚が強いという意味。
［舌が高い］は聴語の慣用句で言うと「舌が肥えてる」という意味。
［耳が高い］は聴力が特にいい、あるいは「地獄耳」という意味。

では［頭が高い］は？
ろう語［頭（あたま）が高い］は賢い、知能レベルが高いという意味。
　聴語の「頭（ず）が高い」は、位が上の者に対して敬意が足りない、失礼であるという意味。

　水戸黄門のおきまりの場面も、ろう者と聴者とでは解釈の仕方が違うかもしれません。字幕を見ただけでは、水戸黄門が［頭（あたま）が高い］と言っているように解釈するろう者もいます。
　字幕をつけたからといって、情報バリアが解決するのではありません。字幕をきっかけに、ろう者と聴者が言語のズレを発見して、お互いの言語を理解していってほしいものです。

おわりに

　この本は非常に実験的な試みです。

　主にカレッジのろうスタッフと聴スタッフの間で起きたズレを集めましたが、読んでいただいた方の中には、「そんな意味ではない!」「そんな解釈はしない!」「そんなズレは起こらない!」と違和感・反感をお持ちになる方もおられるでしょう。
　「ろう者の日本語をバカにしてるのか!」と憤慨された方もおられるかもしれません。

　そういったご意見もぜひカレッジにお寄せください。「言葉のズレ」についての事例をさらに集め検討していきたいと考えています。

　「言葉のズレ」を学ぶことは、「言語の違い」「文化の違い」を学ぶことです。
　誤解してほしくないのは、この本の目的は「ズレを埋める」「ズレをなくす」ことではありません。
　「ズレ」はそのままでいいのです。目的は「ズレ」を知り、それを認めることです。
　そして「ズレ」を学ぶことで、**手話は日本語とは違う独立した言語である**ことを実感していただきたいのです。

　ろう者と聴者の言葉のズレはこれだけではありません。この本には掲載できなかった言葉がまだまだたくさんあります。今後もイベント「カレッジ寺子屋」やブログ「寺子屋エッセイ」の中で発表していきたいと考えています。
　皆さんもぜひ身近なろう者・聴者と話し合ってみてください。

また、この本を読まれると、「じゃあ手話ではどう表したらいいの？」と疑問をお持ちになった方もたくさんおられると思います。
　手話や「顔の文法」を文章で表現するのは非常に困難なため、その点は十分に説明しきれなかったところです。手話表現については『手話の秘訣』シリーズなど、今後カレッジの手話教材DVDの例文で取り上げていきたいと考えていますので、ご期待ください。
　最後までお読みいただきありがとうございました。

◆◆◆関西手話カレッジ◆◆◆

日本手話の普及をめざして2004年に設立。
各種手話教室、イベント、手話通訳派遣、DVD教材の制作などを行っている。

＜お問い合わせ＞
　〒534-0024
　大阪市都島区東野田町2-2-16
　ビラ六曜舎603
　関西手話カレッジ
　Eメール　ksc202010@gmail.com
　FAX　072-868-6471
　TEL　050-3623-8128
　　　（電話リレーサービスに繋がります）

関西手話カレッジ制作のDVD

本文中にご紹介したもの以外にも様々なDVD教材を制作しています。
お問い合わせ・ご注文は関西手話カレッジまでお願い致します。

大阪 VS 東京①

いつも比較の対象となる「大阪」と「東京」。このDVDに登場する砂田アトムは東京在住、矢野一規は大阪在住。そんな二人は、共に愛媛生まれ。このろう者二人が、大阪と東京の文化の違いを手話でコメディータッチに戦いを繰り広げています。

42分 / カラー / 字幕・音声なし / 解説書付き
2000円（税込）

読み取ってみよう！！会話編「喜怒驚哀楽」

ろう者の魅力ある手話をいくつかの例文として短く二人で会話しています。聴者が見落としてしまったり日本語に変えられなかったり、またいつか自分もあんな風にろう者と会話できたらいいなぁと思う手話がたくさんあります。

25分 / カラー / 字幕・音声なし
2000円（税込）

ろう者のトリセツ 聴者のトリセツ
―― ろう者と聴者の言葉のズレ ――

2009年11月15日　初版第1刷発行
2024年 1月 6日　初版第12刷発行

編・著	関西手話カレッジ
編　者	矢野 一規　寺口 史和　中上 まりん　柴田 佳子　磯部 大吾
監　修	野崎 栄美子
発行者	金井 一弘
発行所	株式会社 星湖舎
	〒540-0037 大阪市中央区内平野町1-3-7-802 電話 06-6777-3410　FAX. 06-6809-2403
ＤＴＰ	LET'TERS（レターズ）
装　丁	小林 真美
印刷・製本	株式会社 国際印刷出版研究所

2009Ⓒ関西手話カレッジ　printed in Japan　ISBN978-4-86372-008-4　C0080
定価はカバーに表示してあります。万一、落丁乱丁の場合は弊社までお送りください。送料弊社負担にてお取り替えいたします。本文・写真・イラストの無断転載を禁じます。